Quand je suis tristounette

Sam Sagolski
Illustré par Daria Smyslova

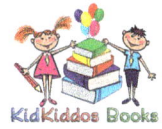

www.kidkiddos.com
Copyright ©2025 by KidKiddos Books Ltd.
support@kidkiddos.com

All rights reserved. No part of this book may be reproduced in any form or by any electronic or mechanical means, including information storage and retrieval systems, without written permission from the publisher, except in the case of a reviewer, who may quote brief passages embodied in critical articles or in a review.
First edition, 2025

Translated from English by Sophie Troff
Traduit de l'anglais par Sophie Troff

Library and Archives Canada Cataloguing in Publication
When I Am Gloomy (French edition)/Shelley Admont
ISBN: 978-1-83416-678-0 paperback
ISBN: 978-1-83416-679-7 hardcover
ISBN: 978-1-83416-677-3 eBook

Please note that the French and English versions of the story have been written to be as close as possible. However, in some cases they differ in order to accommodate nuances and fluidity of each language.

Un matin nuageux, je me suis réveillée d'humeur tristounette.

Je me suis levée, enroulée dans ma couverture préférée et je suis allée au salon.

– Maman ! ai-je appelé. Je suis de mauvaise humeur.

Maman a levé les yeux de son livre.
– De mauvaise humeur ? Pourquoi tu dis ça, ma chérie ?

– Regarde mon visage ! ai-je dit en montrant mes sourcils tout froncés. Maman a souri gentiment.

– Je n'ai pas l'air heureuse aujourd'hui, ai-je marmonné. Tu m'aimes quand même si je suis tristounette ?

– Bien sûr, a répondu Maman. Quand tu es tristounette, j'ai envie d'être près de toi, de te faire un gros câlin et de te redonner le sourire.

Je me suis sentie un peu mieux, mais juste une seconde, parce qu'ensuite j'ai commencé à penser à toutes mes autres humeurs.

– Donc… tu m'aimes aussi quand je suis en colère ?

Maman a souri.
– Bien sûr que oui !

– Tu es sûre ? ai-je demandé en croisant les bras.

– Même quand tu es fâchée, je reste ta maman.
Et je t'aime toujours autant.

J'ai pris une grande inspiration.
– Et quand je suis timide ? ai-je chuchoté.

– Je t'aime aussi quand tu es timide, a-t-elle répondu. Tu te souviens quand tu te cachais derrière moi et ne voulais pas parler au nouveau voisin ?

J'ai fait oui de la tête. Je m'en souvenais très bien.

– Puis tu as dit bonjour et tu t'es fait un nouvel ami. J'étais très fière de toi.

– Est-ce que tu m'aimes aussi quand je pose trop de questions ? ai-je continué.

– Quand tu poses plein de questions, comme maintenant, je te vois découvrir des choses nouvelles qui te rendent plus intelligente et plus forte chaque jour, a répondu maman. Alors oui, je t'aime toujours.

– Et si je n'ai pas du tout envie de parler, ai-je encore demandé.

– Viens ici, a-t-elle dit.
J'ai grimpé sur ses genoux et j'ai posé la tête sur son épaule.

– Quand tu n'as pas envie de parler et que tu préfères le silence, tu te mets à utiliser ton imagination. J'adore voir ta créativité, a répondu maman.

Puis elle m'a murmuré à l'oreille :
– Je t'aime aussi quand tu es silencieuse.

– Mais, tu m'aimes aussi quand j'ai peur ? ai-je demandé.

– Toujours, a dit maman. Quand tu es effrayée, je t'aide à vérifier qu'il n'y a pas de monstres sous ton lit ou dans le placard.

*Elle m'a embrassée sur le front.
– Tu es très courageuse, mon cœur.*

– **Et quand tu es fatiguée, a-t-elle ajouté doucement, je te borde sous ta couverture, je t'apporte ton nounours et je te chante notre chanson à nous.**

– Et si j'ai trop d'énergie ? ai-je demandé en me levant d'un bond.

Elle a ri.
– Quand tu débordes d'énergie, on fait du vélo, on saute à la corde ou on va courir ensemble. J'adore faire toutes ces activités avec toi !

– Mais est-ce que tu m'aimes quand je ne veux pas manger de brocoli ? ai-je dit en tirant la langue.

Maman a gloussé.
– Comme la fois où tu as donné ton brocoli à Max ? Il a beaucoup aimé.

– *Tu m'as vu ? ai-je demandé.*

– *Bien sûr. Et je t'aime même dans ces moments-là.*

J'ai réfléchi un moment, puis j'ai posé une dernière question :

– Maman, si tu m'aimes quand je suis tristounette ou en colère… est-ce que tu m'aimes aussi quand je suis heureuse ?

– Oh, mon cœur, a-t-elle dit en me serrant à nouveau dans ses bras. Quand tu es heureuse, je suis heureuse aussi.

Elle m'a embrassée sur le front et a ajouté :
– Je t'aime quand tu es heureuse, tout autant que lorsque tu es triste, en colère, timide ou fatiguée.

Je me suis blottie contre elle et j'ai souri.
– Alors… tu m'aimes tout le temps ? ai-je demandé.

– Tout le temps, a-t-elle répondu. Toutes tes humeurs, tous les jours, je t'aime toujours.

Alors qu'elle parlait, j'ai senti quelque chose me réchauffer le cœur.

J'ai regardé dehors et j'ai vu les nuages s'en aller. Le ciel est devenu bleu et le soleil est apparu.

Visiblement, ça allait être une belle journée, après tout.

www.ingramcontent.com/pod-product-compliance
Lightning Source LLC
LaVergne TN
LVHW072110060526
838200LV00061B/4849